Inhalt

Ethno-Marketing - Ausländer, die unterschätzte Zielgruppe

Kernthesen

Beitrag

Fallbeispiele

Weiterführende Literatur

Impressum

Ethno-Marketing - Ausländer, die unterschätzte Zielgruppe

K.Zirkel

Kernthesen

- Werbung für in Deutschland lebende Migranten sagen Experten hervorragende Zukunftschancen voraus.
- Mit 170 Milliarden Euro ist die Kaufkraft der ethnischen Gruppen, vor allem die der Türken und Russen, beachtlich.
- Problematisch: Viele Werbungtreibende haben Berührungsängste mit den ausländischen Zielgruppen, oftmals fehlt ihnen das Wissen.

Beitrag

Ethno-Marketing steckt hierzulande noch in den Kinderschuhen. Denn für viele Marketingentscheider ist das interkulturelle Umfeld noch unbekanntes Terrain. Dabei ist das Potenzial für diese Werbeform groß: Jeder fünfte Deutsche hat inzwischen einen Migrationshintergrund.

Ausländische Konsumenten spielen in der Marketingkommunikation noch eine marginale Rolle, denn vielen Werbungtreibenden fehlt schlicht das Wissen über die Zielgruppe und diese Form der Werbung. Dabei hat interkulturelles Marketing Zukunft, denn sowohl Anzahl als auch Kaufkraft der ausländischen Verbraucher sind beachtlich. Laut Statistischem Bundesamt leben derzeit 15,3 Millionen Personen mit Migrationshintergrund in Deutschland, das entspricht 20 Prozent der Deutschen. Die Russischsprachigen stellen die größte Gruppe, wobei die Betonung auf Sprache liegt, denn der Kreis umfasst verschiedene ethnische Gruppen aus den 15 Nachfolgestaaten der Sowjetunion von Estland bis Kasachstan. Sie haben weniger kulturelle Gemeinsamkeiten als die Türken, die die mit 2,8 Millionen die zweitgrößte Migrantengruppe stellen. Mit 170 Milliarden Euro ist die Kaufkraft der ethnischen Gruppen beachtlich - allein die türkisch-

und russischsprachigen Ausländer verfügen über eine Kaufkraft von 20 beziehungsweise 40 Milliarden Euro. Hinzu kommt, dass türkische Haushalte mit durchschnittlich 3,8 Personen etwa doppelt so groß sind wie deutsche, was beispielsweise zu einem höheren Verbrauch an Wasch- und Lebensmitteln führt. (1), (2), (3)

Türken und Russen im Visier der Werber

Im Visier der Werbungtreibenden stehen vor allem die Türken, die mit 17 Milliarden Euro die Kaufkraft des Saarlandes erreichen. Während die Türken der ersten Gastarbeitergeneration ihren Verdienst überwiegend für die geplante Heimkehr sparten, geben die zweite und dritte Generation das Geld vollständig in Deutschland aus. Zum Einkaufen gehts nicht mehr nur zur Döner-Bude, sondern auch zum Delikatessenhändler, in den Handy-Shop und in die Abteilung für Unterhaltungselektronik. Das macht sie rein theoretisch zu einer interessanten Zielgruppe für die Werbungtreibenden. Doch in der Praxis sind die Bemühungen der Wirtschaft, dieses Potenzial durch gezielte Marketingmaßnahmen auszuschöpfen, oft noch von dürftiger Qualität. Zahlreiche Kampagnen für ethnische Zielgruppen sind zwar gut gedacht,

aber schlecht gemacht, meist mangelt es an Wissen über die verschiedenen ethnischen Gruppen. Dies wird erschwert durch die Tatsache, dass bislang keine einzige umfassende Studie über ethnische Gruppen verfügbar ist.
Dabei lässt sich mit gut durchdachten Maßnahmen vor allem ein wichtiges Ziel erreichen: die Akquisition neuer Kunden (51 Prozent). Weniger geeignet ist Ethno-Marketing zur Verbesserung der Kundenkommunikation (19 Prozent), zur Steigerung des Umsatzes (zwölf Prozent), zur Bindung bestehender Kunden (zehn Prozent) und zur Verbesserung des Images (acht Prozent). (1), (4), (5)

Das Medienangebot für diese Zielgruppen - und damit die Plattform für Ethno-Marketing - ist riesig. Derzeit gibt es hierzulande 2 500 fremdsprachige Publikationen und rund 20 Rundfunkprogramme, die in der Muttersprache der Migranten senden, hinzu kommen Hunderte von Heimatkanälen, die über Satellit empfangen werden. Über die muttersprachlichen Medien halten viele Migranten die Verbindung zur Heimat aufrecht.
So nutzen russischsprachige Haushalte zu 82 Prozent russische Zeitungen und zu 75 Prozent Fernsehsender in ihrer Heimatsprache. Im Gegensatz zu den Deutschen nehmen sie den Anzeigenteil der Zeitungen viel intensiver wahr als redaktionelle

Beiträge - der Nachholbedarf bei denen, die in der Sowjetunion in einer Mangelwirtschaft gelebt haben, ist groß. Die Sparquote tendiert gegen Null, die Konsumlust ist extrem hoch, Lebensplan dieser Zielgruppe ist es, in Deutschland zu bleiben. Das Potenzial der Werbungtreibenden ist also enorm, doch bislang haben nur wenige Unternehmen diese Medien als Werbeträger entdeckt. (4)

Die mit 230 000 Lesern täglich von Türken in Deutschland meistgelesene Tageszeitung Hürriyet registriert jedoch ein langsam steigendes Interesse deutscher Werbekunden. So hat sich das Verhältnis deutscher zu türkischer Anzeigen bei Hürriyet von 21 zu 79 Prozent im Jahr 2003 auf 30 zu 70 Prozent im Jahr 2006 verbessert; Ziel der Marketingentscheider ist ein Verhältnis von 50 zu 50 Prozent. Nach Aussage von Experten soll sich das Mediennutzungsverhalten der Türken weg von türkischsprachigen Printmedien hin zu deutsch-türkischen Medien im elektronischen Bereich entwickeln. Denn die zweite und dritte Generation der Migranten spricht zunehmend besser Deutsch und ist immer weniger auf türkischsprachige Medien angewiesen. Schon jetzt ist das Internet das Medium, bei dem die Türken überwiegend deutschsprachige Inhalte nutzen. (4), (6)

Zielgruppen emotional ansprechen

Viele Werbungtreibende haben noch Berührungsängste mit den ausländischen Zielgruppen. Denn die simple Adaption und Übersetzung von Werbebotschaften verfehlt meist ihr Ziel. Eine Werbekampagne, die für deutsche Zielgruppen geplant wurde, spricht nicht automatisch die türkische Bevölkerung an. Und selbst wenn ein Unternehmen Anzeigen in fremdsprachigen Medien platziert, ist deren Erfolg nicht garantiert. Effektiver ist es die Zielgruppen über Emotionen anzusprechen. Denn Untersuchungen haben gezeigt, dass eine Botschaft ihre Überzeugungskraft nur zu sieben Prozent aus den verbalen Wörteranteilen, zu 38 Prozent aus dem paraverbalen und zu 55 Prozent aus dem nonverbalen Gehalt bezieht. Die Wirksamkeit einer Werbebotschaft hängt zudem stark von Kontext, Sprachstil, Sprachgeschwindigkeit und Argumentationsweise ab. (2), (7)

Das Selbstverständnis und die Eigenarten der ethnischen Gruppen erfordern also eine spezifische Ansprache. Die Werbekampagne sollte die Lebenswelten der Zielgruppe widerspiegeln. So spielen beispielsweise religiöse Befindlichkeiten bei Russen und Türken eine große Rolle. Nackte Haut ist tabu,

die Familie heilig und Türken beispielsweise haben wenig Affinität zu Tieren. So verwundert es nicht, dass die Saubillig-Werbung von Media-Markt die Türken nicht anspricht. Zum einen, weil es in der türkischen Sprache kein Tier gibt, das eine vergleichbare Metapher erzeugt, zum anderen, weil das Schwein bei Türken eher als abstoßend empfunden wird. Themen wie Beruf, Freizügigkeit oder Fitness führen bei Türken eher zu negativen Assoziationen als bei Deutschen, sie interessieren sich vielmehr für Familie, Emotionen, türkischen Humor, Zusammengehörigkeit und Heimat.
Bei vielen Produkten zeigen die Türken auch eine ausgeprägtere Markenorientierung als die Deutschen, von der Geiz-ist-Geil-Mentalität halten sie nichts. Vor allem beim Kauf von Unterhaltungselektronik, Handys und Lebensmittel achten sie mehr auf die Marke als auf den Preis. (1), (2)

Fallbeispiele

Daimler Chrysler

gilt als einer der Vorreiter in punkto Werbung für in

Deutschland lebende Ausländer. Ethno-Marketing gehört dort seit Beginn der 90er Jahre selbstverständlich zum Mediamix. Seit Mitte der neunziger Jahre lässt Daimler Chrysler seine Werbung von Türken texten. Zwei Kampagnen werden jedes Jahr von einer auf Ethno-Marketing spezialisierten Werbeagentur lanciert, schwerpunktmäßig im Fernsehen und in Tageszeitungen. So handelte ein TV-Spot für die E-Klasse beispielsweise von einem Paar, das auf der Fahrt zu seiner Hochzeit in einem Vorort von Istanbul - dem türkischem Brauch entsprechend - Wegezoll zahlen soll. Ein anderer TV-Spot für die neue C-Klasse von Mercedes-Benz zeigte ein Auto in einem Showroom zu Klängen orientalischer Musik. Eine Stimme aus dem Off sagte zum Schluss auf Türkisch: Die neue C-Klasse. Ab 31. März bei Ihrem Mercedes-Benz-Partner. Der Spot lief auf mehreren türkischen Fernsehsendern, parallel dazu wurden Anzeigen in der türkischen Tageszeitung Hürriyet zu geschaltet. In einem anderen Spot heißt es: Mercedes Benz ist immer gut. Bevor die Familie in den Urlaub fährt wird vor dem Auto ein Eimer Wasser entleert - so wünscht man sich in der Türkei eine gute Reise. Mercedes zählt neben VW zu den beliebtesten Automarken der Türken. (1), (9)

Auch bei der **Deutschen Bank** werden die 700 000 türkischen Haushalte in Deutschland als wichtige

Zielgruppe in den Marketingplan integriert. Während die Türken früher den Großteil ihres verdienten Geldes in die Heimat schafften, investieren sie ihren Verdienst heute in Deutschland. Unter der Marke Bankamiz setzt das Unternehmen in 18 Niederlassungen zweisprachige Kundenbetreuer ein, da sich die Türken bei komplexen Themen wie Altersvorsorge in ihrer Muttersprache wohler fühlen, so die Begründung der Marketingentscheider. Zudem liegen Broschüren in türkischer Sprache zu Girokonto, Privatkredit und Festzinssparen aus, eine türkischsprachige Hotline sowie fünf kostenlose Überweisungen in die Heimat runden das Angebot ab. Eine deutschlandweite Kampagne gibt es bislang noch nicht, die jeweiligen Filialleiter machen das Angebot vor Ort bekannt. (9)

Der Mobilfunkanbieter **E-Plus** bietet mit der Mobilfunkmarke Ay Yildiz spezielle Tarife für Telefonate in die Türkei an. Die **Marseille-Kliniken** haben im vergangenen Jahr in Berlin die erste Pflegeeinrichtung für Türken eröffnet, die **Ideal-Versicherung** führt unter dem Namen Ikinci Bahar eine Police für islamkonforme Bestattungen. (9)

Eine gänzlich andere Form des Ethno-Marketing hat die Baumarktkette **Hornbach** gewählt. Anzeigen in deutscher Sprache und in deutschen Medien wie Stern, Spiegel und Bild am Sonntag werben für mehr

Toleranz in einer multikulturellen Gesellschaft - nach dem Motto: Beim Heimwerken ist es egal, welchen Gott man anbetet. (9)

Weiterführende Literatur

(1) Spitzer-Ewersmann, Claus, Feingefühl im Schlaraffenland, werben und verkaufen, Nr. 22, 31.05.2007, S. 53
aus werben und verkaufen Nr. 22 vom 31.05.2007 Seite 053

(2) Zielgruppen aus der Nebenwelt
aus HORIZONT 20 vom 18.05.2007 Seite 018

(3) Die unterschätzte Zielgruppe
aus HORIZONT 17 vom 26.04.2007 Seite 062

(4) Stadik, Michael, Jeder fünfte eine unbekannte Größe, werben und verkaufen, Nr. 22, 31.05.2007, S. 56
aus werben und verkaufen Nr. 22 vom 31.05.2007 Seite 056

(5) Förster, Anja / Kreuz, Peter, Marketing Trends, www.mkt-trends.com
aus werben und verkaufen Nr. 22 vom 31.05.2007 Seite 056

(6) "Interesse deutscher Werbekunden wächst"
aus HORIZONT 17 vom 26.04.2007 Seite 056

(7) Schmelztiegel der Kulturen
aus HORIZONT 17 vom 26.04.2007 Seite 063

(8) Warum fällt Ethnomarketing so schwer?
aus Absatzwirtschaft Nr. 06 vom 01.06.2007 Seite 078

(9) Wegezoll in Istanbul
aus HORIZONT 17 vom 26.04.2007 Seite 061

Impressum

Ethno-Marketing - Ausländer, die unterschätzte Zielgruppe

Bibliografische Information der deutschen Nationalbibliothek

Die Deutsche Nationalbibliothek verzeichnet diese Publikation in der deutschen Nationalbibliografie; detaillierte bibliografische Daten sind im Internet über http://dnb.d-nb.de abrufbar.

ISBN: 978-3-7379-0742-2

© 2015 GBI-Genios Deutsche Wirtschaftsdatenbank GmbH, Freischützstraße 96, 81927 München, www.genios.de

Alle Rechte vorbehalten. Dieses Werk ist einschließlich aller seiner Teile – z.B. Texte, Tabellen und Grafiken - urheberrechtlich geschützt. Jede Verwertung außerhalb der Grenzen des Urheberrechtsgesetzes bedarf der vorherigen Zustimmung des Verlags. Dies gilt insbesondere auch für auszugsweise Nachdrucke, fotomechanische Vervielfältigungen (Fotokopie/Mikroskopie), Übersetzungen, Auswertungen durch Datenbanken oder ähnliche Einrichtungen und die Einspeicherung und Verarbeitung in elektronischen Systemen.